škola - school	2
putovanje - reis	5
transport - transport	8
grad - stad	10
pejsaž - landschap	14
restoran - restaurant	17
supermarket - supermarkt	20
napitci - drankjes	22
jelo - eten	23
seosko gazdinstvo - boerderij	27
kuća - huis	31
dnevna soba - woonkamer	33
kuhinja - keuken	35
kupaonica - badkamer	38
dečija soba - kinderkamer	42
odeća - kleding	44
kancelarija - kantoor	49
ekonomija - economie	51
zanimanja - beroepen	53
alati - werktuigen	56
muzički instrument - muziekinstrumenten	57
zoološki vrt - zoo	59
sport - sporten	62
aktivnosti - activiteiten	63
porodica - familie	67
telo - lichaam	68
bolnica - ziekenhuis	72
hitni slučaj - noodgeval	76
zemlja - aarde	77
sat - klok	79
sedmica - week	80
godina - jaar	81
oblici - vormen	83
boje - kleuren	84
suprotnosti - tegengestelden	85
brojevi - cijfers	88
jezici - Talen	90
ko / šta / kako - wie / wat / hoe	91
gde - waar	92

AF194697

Impressum
Verlag: BABADADA GmbH, Nedderfeld 112 , 22529 Hamburg
Geschäftsführer / Verlagsleitung: Harald Hof
Druck: Books on Demand GmbH, In de Tarpen 42, 22848 Norderstedt

Imprint
Publisher: BABADADA GmbH, Nedderfeld 112 , 22529 Hamburg, Germany
Managing Director / Publishing direction: Harald Hof
Print: Books on Demand GmbH, In de Tarpen 42, 22848 Norderstedt

škola
school

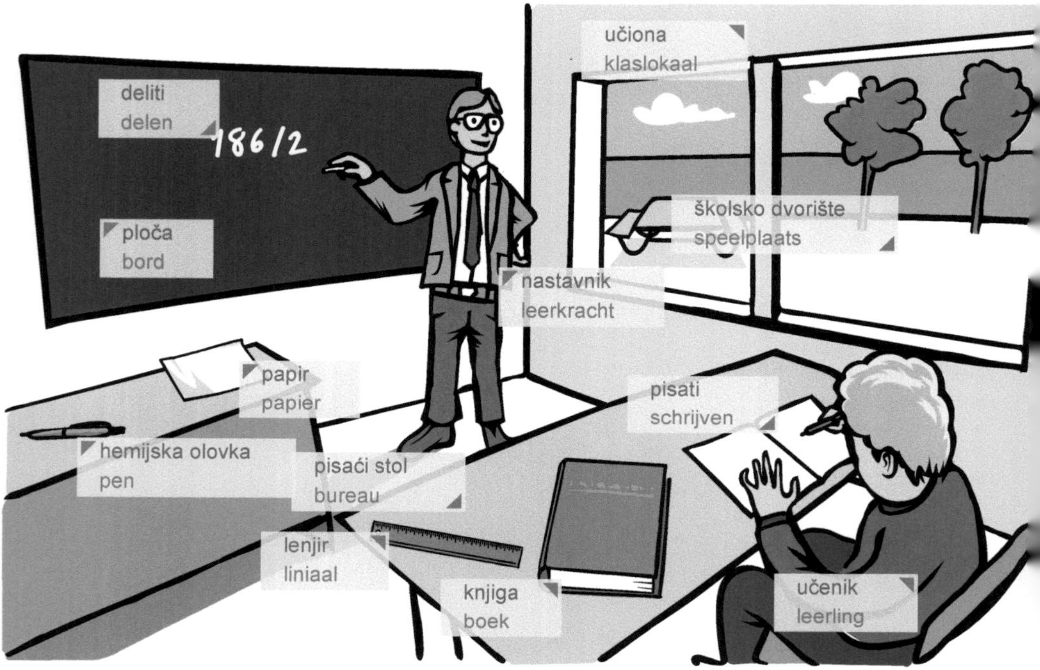

učiona
klaslokaal
deliti
delen
186/2
ploča
bord
školsko dvorište
speelplaats
nastavnik
leerkracht
papir
papier
pisati
schrijven
hemijska olovka
pen
pisaći stol
bureau
lenjir
liniaal
knjiga
boek
učenik
leerling

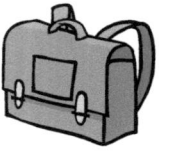

torba
schooltas

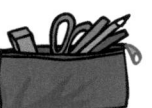

pernica
pennenzak

grafitna olovka
potlood

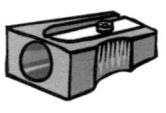

šiljilo za olovke
puntenslijper

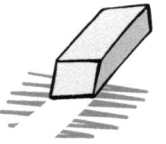

gumica za brisanje
gom

blok za crtanje
tekenblok

crtež
tekening

kist
verfborstel

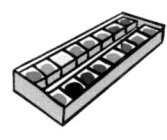

kutija sa bojama
verfdoos

makaze
schaar

lepilo
lijm

beležnica
werkboek

domaći zadatak
huiswerk

broj
nummer

sabirati
optellen

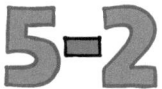

oduzimati
aftrekken

množiti
vermenigvuldigen

računati
rekenen

slovo
letter

abeceda
alfabet

reč
woord

tekst

tekst

čitati

Lezen

kreda

krijt

čas

les

dnevnik

klassenboek

ispit

examen

svedočanstvo

certificaat

školska uniforma

schooluniform

obrazovanje

onderwijs

leksikon

encyclopedie

univerzitet

universiteit

mikroskop

microscoop

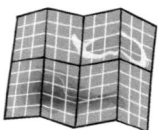

karta

kaart

košara za papir

papiermand

škola - school

putovanje
reis

hotel
hotel
Grand
prenoćište
jeugdherberg
ROOMS
menjačnica
wisselkantoor
kofer
koffer
auto
auto

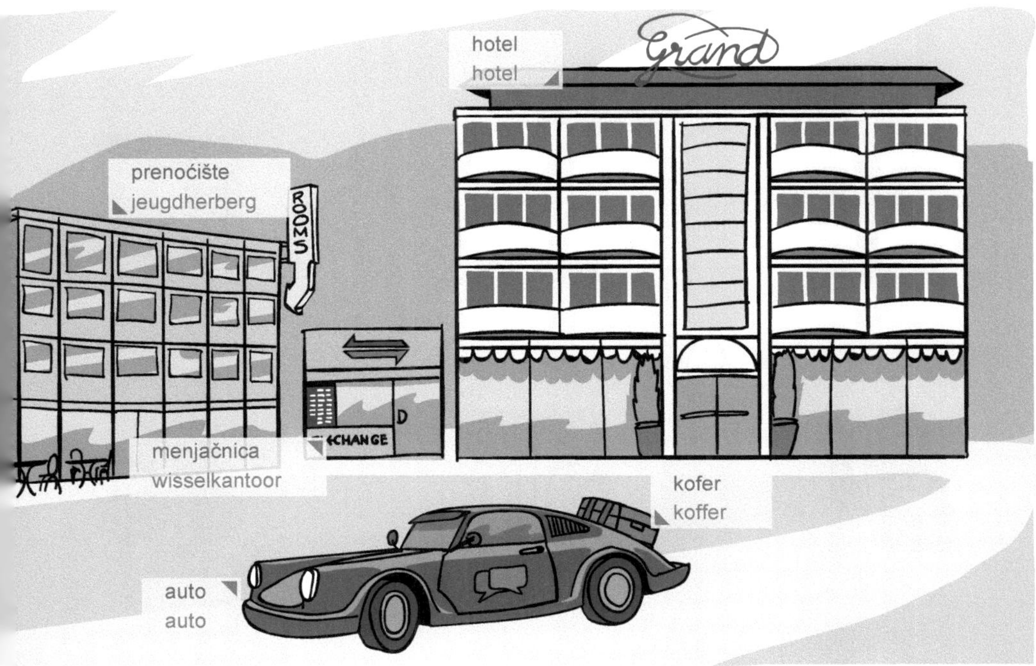

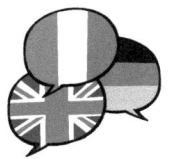

jezik

Taal

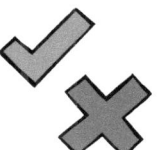

da / ne

ja / nee

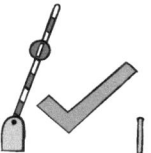

okej

oké

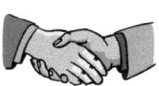

zdravo

hallo

prevodilac

vertaler

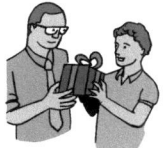

hvala

bedankt

Koliko košta...?

Hoeveel kost ...?

ne razumem

Ik begrijp het niet

problem

probleem

dobro veče!

Goedenavond!

Dobro jutro!

Goedemorgen!

Laku noć!

Goedenavond!

doviđenja

Tot ziens

smer

richting

prtljaga

bagage

torba

zak

ruksak

rugzak

gost

gast

soba

kamer

vreća za spavanje

slaapzak

šator

tent

putovanje - reis

turističke informacije

toeristeninformatie

plaža

strand

kreditna kartica

kredietkaart

doručak

ontbijt

ručak

lunch

večera

avondeten

karta za vožnju

ticket

lift

lift

poštanska markica

postzegel

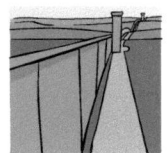

granica

grens

carina

douane

ambasada

ambassade

viza

visum

pasoš

paspoort

transport

transport

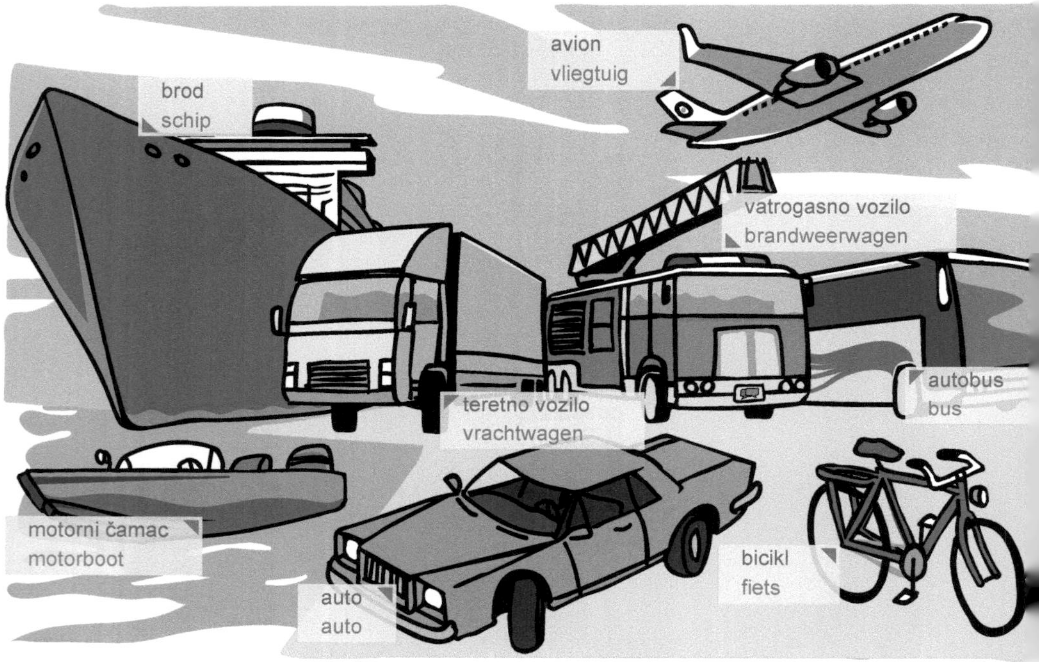

avion
vliegtuig
brod
schip
vatrogasno vozilo
brandweerwagen
autobus
bus
teretno vozilo
vrachtwagen
motorni čamac
motorboot
bicikl
fiets
auto
auto

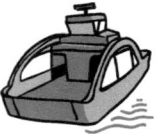

trajekt

veerboot

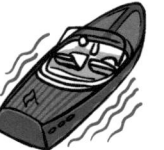

čamac

boot

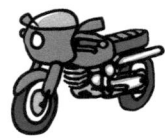

motocikl

motor

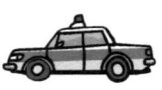

policijski auto

politiewagen

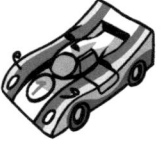

trkaći auto

racewagen

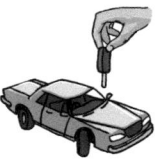

iznajmljeno auto

huurauto

delenje automobila

carpoolen

vučno vozilo

sleepwagen

vozilo za odvoz smeća

vuilniswagen

motor

motor

benzin

benzine

benzinska stanica

benzinestation

saobraćajni znak

verkeersbord

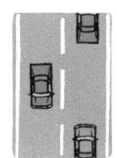

saobraćaj

verkeer

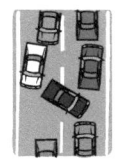

zastoj

file

parkiralište

parkeerplaats

željeznička stanica

station

šine

sporen

voz

trein

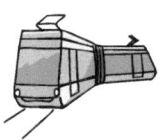

tramvaj

tram

vagon

wagon

helikopter
helikopter

aerodrom
luchthaven

kula
toren

putnik
passagier

kontejner
container

karton
karton

kolica
kar

korpa
mand

uzleteti / sleteti
opstijgen / landen

grad
stad

selo
dorp

centar grada
stadscentrum

kuća
huis

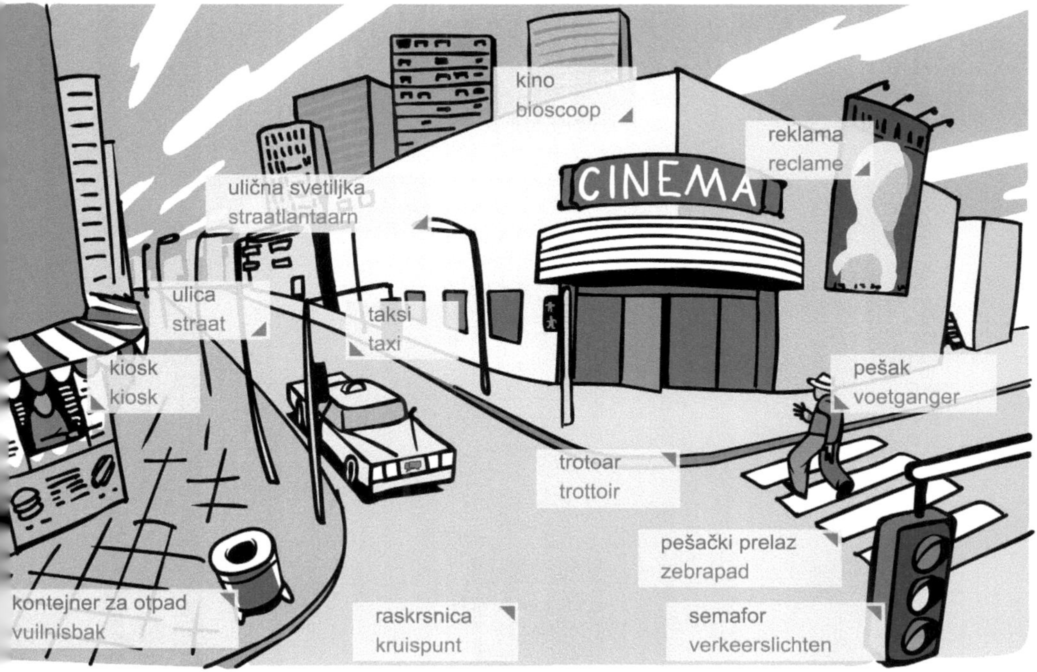

kino
bioscoop

reklama
reclame

ulična svetiljka
straatlantaarn

CINEMA

ulica
straat

taksi
taxi

kiosk
kiosk

pešak
voetganger

trotoar
trottoir

pešački prelaz
zebrapad

kontejner za otpad
vuilnisbak

raskrsnica
kruispunt

semafor
verkeerslichten

koliba
hut

stan
woning

željeznička stanica
station

većnica
stadshuis

muzej
museum

škola
school

grad - stad

univerzitet

universiteit

banka

bank

bolnica

ziekenhuis

hotel

hotel

apoteka

apotheek

kancelarija

kantoor

knjižara

boekwinkel

prodavnica

winkel

cvećara

bloemenwinkel

supermarket

supermarkt

trg

markt

robna kuća

warenhuis

ribarnica

vishandelaar

trgovački centar

winkelcentrum

luka

haven

park
park

klupa
bank

most
brug

stepenice
trap

podzemna željeznica
metro

tunel
tunnel

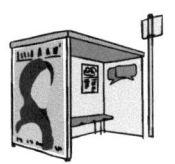

autobuska stanica
bushalte

bar
bar

restoran
restaurant

poštansko sanduče
brievenbus

ulični znak
straatnaambord

parkirni automat
parkeermeter

zoološki vrt
zoo

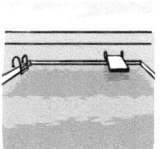

bazen
zwembad

džamija
moskee

seosko gazdinstvo

boerderij

zagađenje okoline

milieuverontreiniging

groblje

kerkhof

crkva

kerk

igralište

speelplaats

hram

tempel

pejsaž

landschap

list
blad

putokaz
wegwijzer

put
weg

livada
weide

kamen
steen

šetač
wandelaar

drvo
boom

reka
rivier

trava
gras

cvijet
bloem

dolina	planina	jezero
vallei	heuvel	meer
	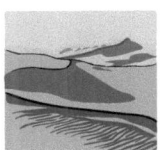	
šuma	pustinja	vulkan
bos	woestijn	vulkaan

dvorac	duga	gljiva
kasteel	regenboog	paddenstoel

palma	moskito	muva
palmboom	mug	vlieg

mrav	pčela	pauk
mier	bijl	spin

buba

kever

žaba

kikker

veverica

eekhoorn

jež

egel

zec

haas

sova

uil

ptica

vogel

labud

zwaan

divlja svinja

wild zwijn

jelen

hert

los

eland

nasip

dam

vetrenjača

windturbine

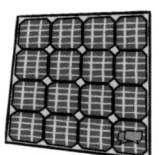

solarna ploča

zonnepaneel

klima

klimaat

restoran
restaurant

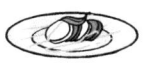

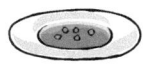

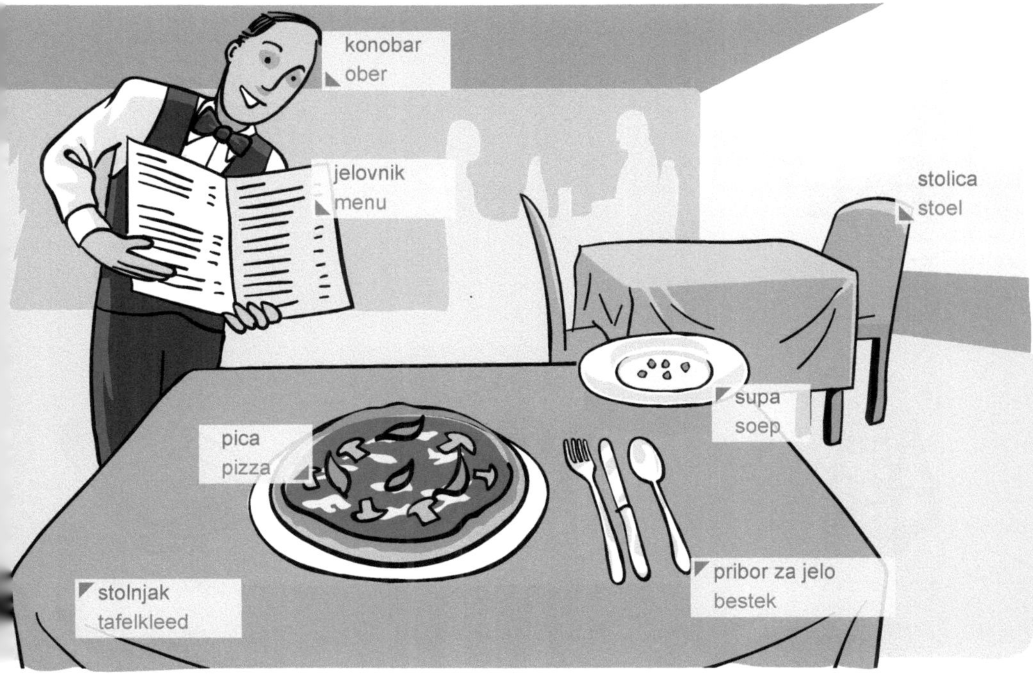
konobar
ober
jelovnik
menu
stolica
stoel
supa
soep
pica
pizza
pribor za jelo
bestek
stolnjak
tafelkleed

predjelo

voorgerecht

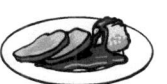

glavno jelo

hoofdgerecht

desert

nagerecht

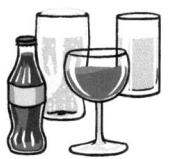

napitci

drankjes

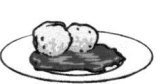

jelo

eten

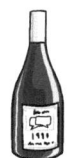

flaša

fles

brza hrana

fastfood

imbis hrana

street food

čajnik

theepot

doza za šećer

suikerpot

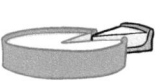

porcija

portie

aparat za espresso

espressomachine

visoka stolica

kinderstoel

račun

rekening

poslužavnik

dienblad

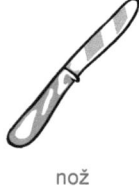

nož

mes

viljuška

vork

kašika

lepel

čajna kašika

theelepel

salveta

serviette

čaša

glas

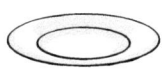

tanjir

bord

tanjir za supu

soepbord

tanjirić

schoteltje

sos

saus

soljenka

zoutvatje

mlin za biber

pepermolen

sirće

azijn

ulje

olie

začini

kruiden

kečap

ketchup

senf

mosterd

majoneza

mayonaise

supermarket
supermarkt

ponuda
aanbieding
FOR
kupac
klant
mlečni proizvodi
zuivelproducten
voće
fruit
kolica za kupovinu
winkelwagen

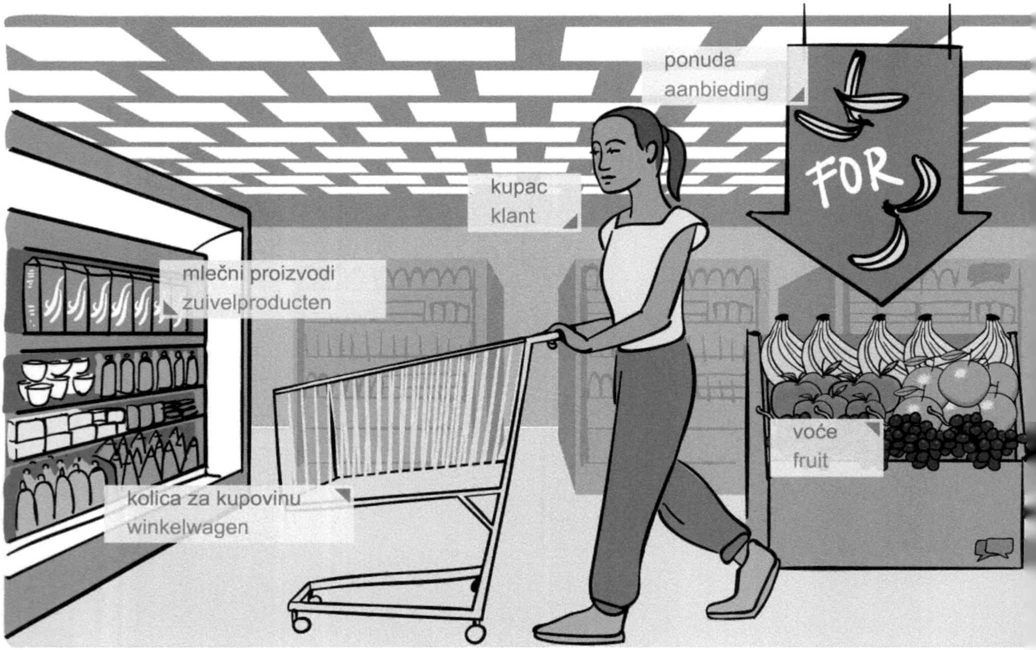

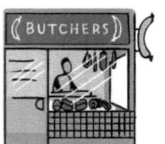

BUTCHERS

mesnica

slagerij

BAKERY

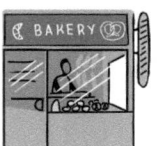

pekara

bakkerij

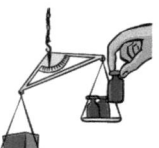

vagati

wegen

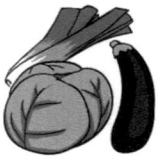

povrće

groenten

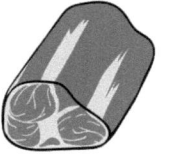

meso

vlees

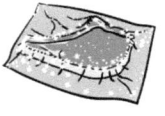

smrznuta hrana

diepvriesvoedsel

narezak

charcuterie

konzerve

conserven

sredstvo za pranje

waspoeder

slatkiši

snoep

artikli za domaćinstvo

huishoudproducten

sredstva za čišćenje

schoonmaakproducten

prodavačica

verkoopster

blagajna

kassa

blagajnik

kassier

lista za kupovinu

boodschappenlijstje

vreme rada

openingstijden

novčanik

portefeuille

kreditna kartica

kredietkaart

torba

tas

plastična kesa

plastieken zakje

voda

water

sok

sap

mleko

melk

kola

cola

vino

wijn

pivo

bier

alkohol

alcohol

kakao

cacao

čaj

thee

kava

koffie

espresso

espresso

cappuccino

cappuccino

banana

banaan

jabuka

appel

narandža

sinaasappel

lubenica

meloen

limun

citroen

šargarepa

wortel

beli luk

knoflook

bambus

bamboe

luk

ajuin

gljiva

champignon

orašasti plodovi

noten

rezanci

noodles

špagete

spaghetti

riža

rijst

salata

salade

pomfrit

frieten

pečeni krumpir

gebakken aardappelen

pica

pizza

hamburger

hamburger

sendvič

sandwich

šnicla

kalfslapje

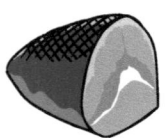

šunka

ham

salama

salami

kobasica

worst

kokoš

kip

pečenje

braden

riba

vis

zobene pahuljice

havervlokken

musli

muesli

kukuruzne pahuljice

cornflakes

brašno

bloem

kroasan

croissant

pecivo

pistolet

hleb

brood

toast

toast

keksi

koekjes

maslac

boter

sveži sir

kwark

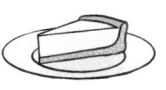

kolač

taart

jaje

ei

jaje na oko

spiegelei

sir

kaas

sladoled

ijs

šećer

suiker

med

honing

marmelada

confituur

nugat krema

choco

kari

curry

jelo - eten

seosko gazdinstvo
boerderij

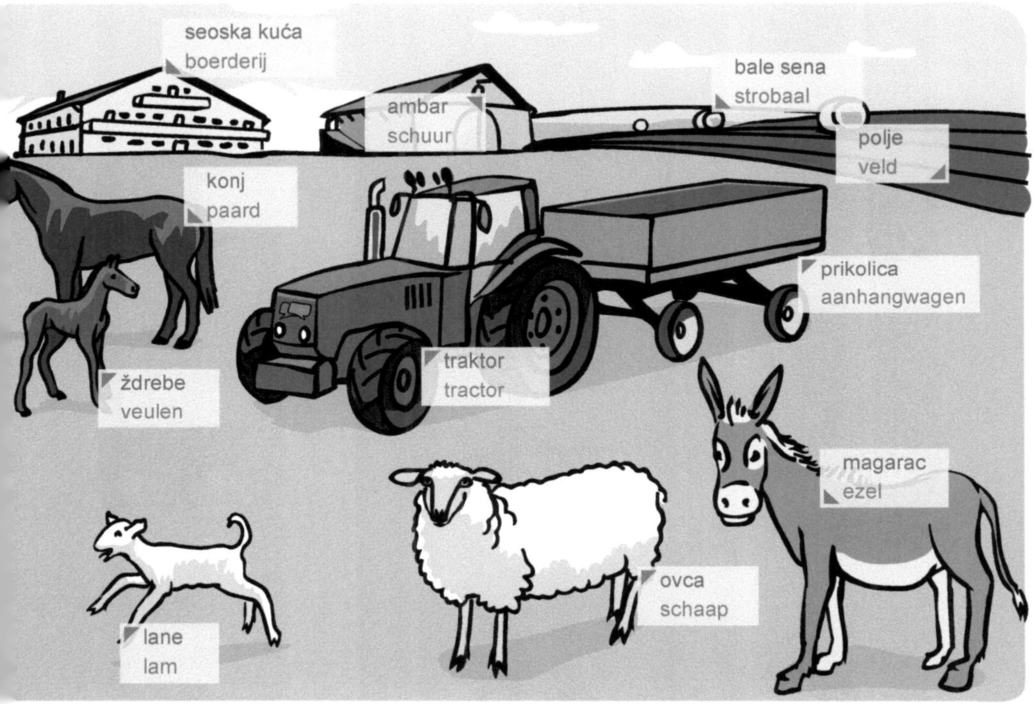
seoska kuća
boerderij
ambar
schuur
bale sena
strobaal
polje
veld
konj
paard
prikolica
aanhangwagen
ždrebe
veulen
traktor
tractor
magarac
ezel
ovca
schaap
lane
lam

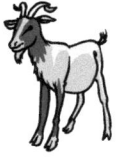

koza

geit

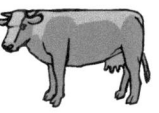

krava

koe

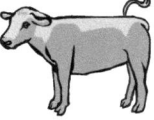

tele

kalf

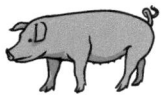

svinja

varken

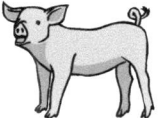

prase

biggetje

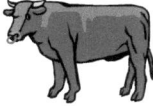

bik

stier

guska

gans

patka

eend

pilići

kuiken

kokoš

kip

petao

haan

pacov

rat

mačka

kat

miš

muis

vol

os

pas

hond

kućica za psa

hondenhok

vrtno crevo

tuinslang

kanta za polivanje

gieter

kosa

zeis

plug

ploeg

srp
sikkel

motika
schoffel

viljuška za đubrivo
hooivork

sekira
bijl

tačke
kruiwagen

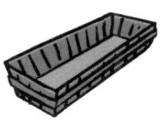

korito
trog

posuda za mleko
melkkan

vreća
zak

ograda
hek

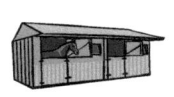

štala
stal

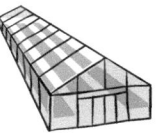

staklenik
broeikas

zemlja
bodem

seme
zaad

đubrivo
mest

kombajn
maaidorser

seosko gazdinstvo - boerderij

žeti
oogsten

žetva
oogst

jams začin
yam

pšenica
tarwe

soja
soja

krumpir
aardappel

kukuruz
maïs

uljana repica
koolzaad

voćka
fruitboom

gomolj manioke
maniok

žitarice
graan

kuća
huis

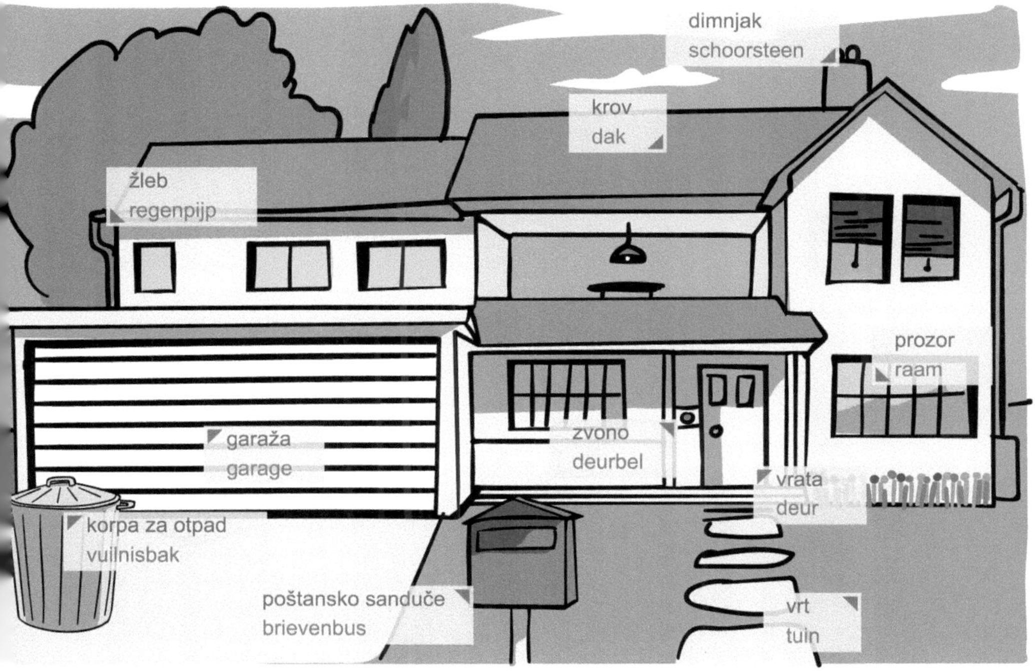
dimnjak
schoorsteen
krov
dak
žleb
regenpijp
prozor
raam
garaža
garage
zvono
deurbel
vrata
deur
korpa za otpad
vuilnisbak
poštansko sanduče
brievenbus
vrt
tuin

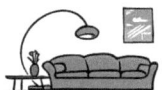

dnevna soba

woonkamer

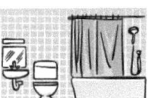

kupaonica

badkamer

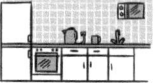

kuhinja

keuken

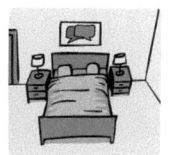

spavaća soba

slaapkamer

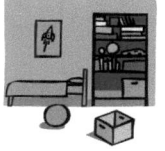

dečija soba

kinderkamer

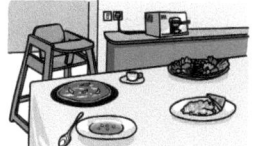

trpezarija

eetkamer

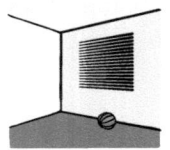

pod

vloer

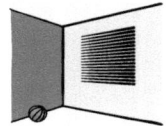

zid

muur

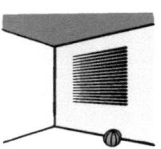

strop

plafond

podrum

kelder

sauna

sauna

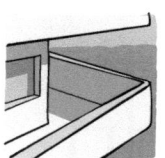

balkon

balkon

terasa

terras

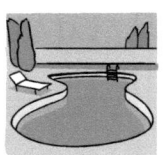

bazen

zwembad

kosilica za travu

grasmaaier

posteljina za krevet

dekbedovertrek

deka za krevet

dekbed

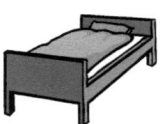

krevet

bed

metla

bezem

kanta

emmer

prekidač

schakelaar

dnevna soba
woonkamer

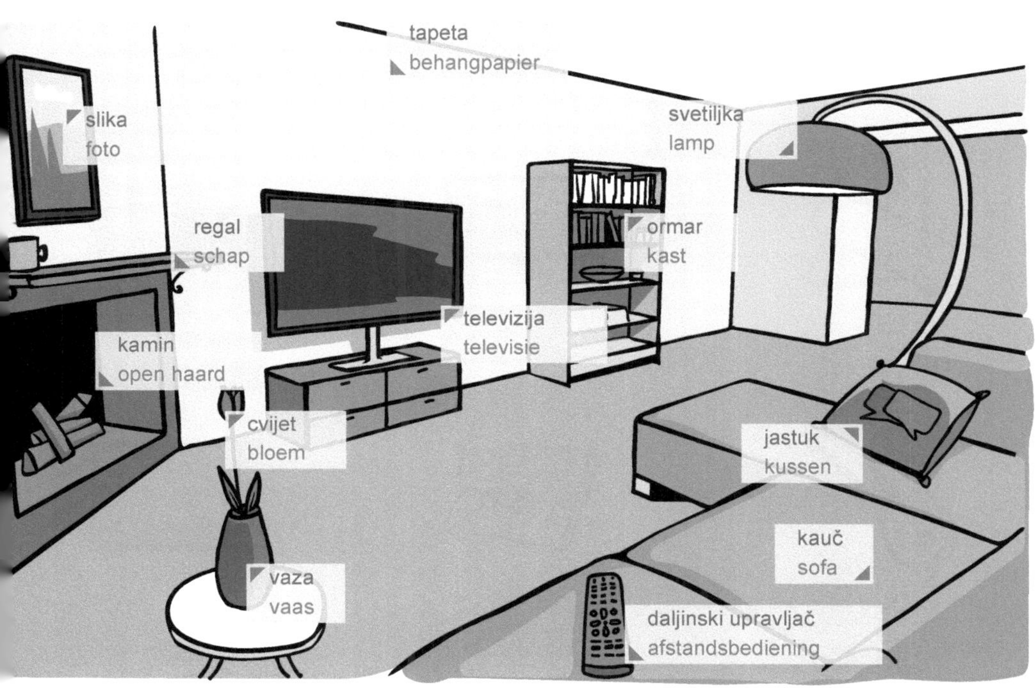

tapeta
behangpapier
slika
foto
svetiljka
lamp
regal
schap
ormar
kast
televizija
televisie
kamin
open haard
cvijet
bloem
jastuk
kussen
kauč
sofa
vaza
vaas
daljinski upravljač
afstandsbediening

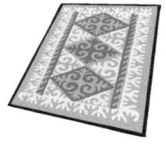

tepih

mat

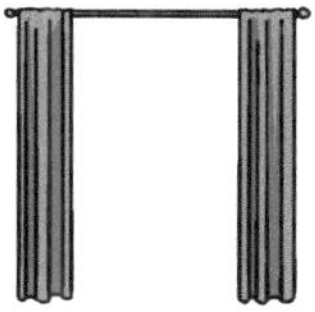

zavesa

gordijn

sto

tafel

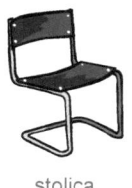

stolica

stoel

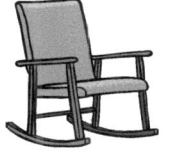

stolica za njihanje

schommelstoel

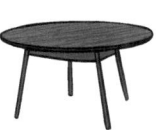

fotelja

fauteuil

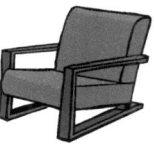

knjiga

boek

deka

deken

dekoracija

decoratie

drvo za ogrev

brandhout

film

film

hi-fi uređaj

stereo-installatie

ključ

sleutel

novine

krant

slika na platnu

schilderij

poster

poster

radio

radio

blok za pisanje

notitieboekje

usisivač

stofzuiger

kaktus

cactus

sveća

kaars

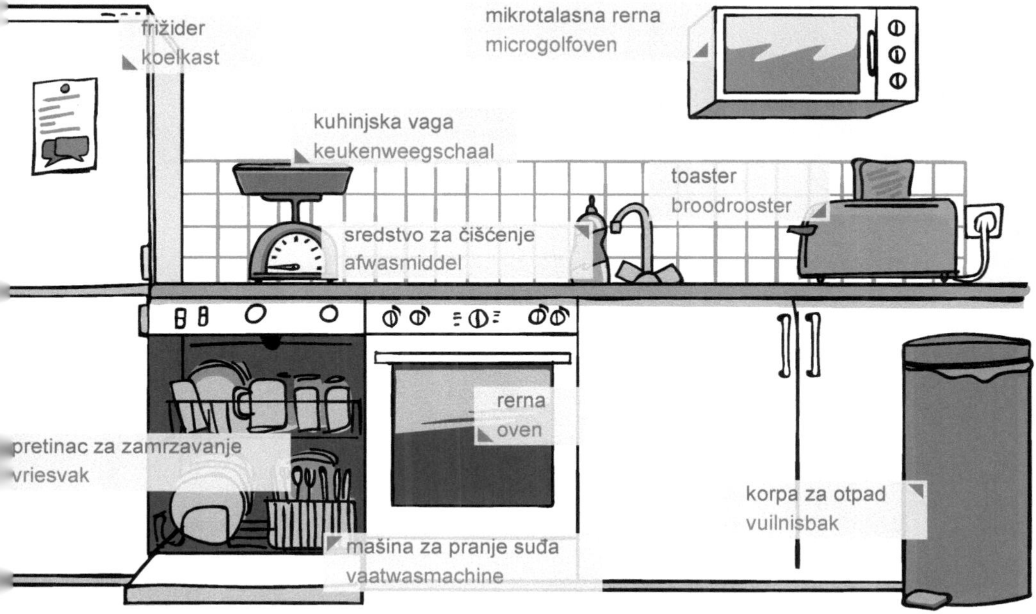

mikrotalasna rerna
microgolfoven

frižider
koelkast

kuhinjska vaga
keukenweegschaal

toaster
broodrooster

sredstvo za čišćenje
afwasmiddel

rerna
oven

pretinac za zamrzavanje
vriesvak

korpa za otpad
vuilnisbak

mašina za pranje suđa
vaatwasmachine

šporet
....
fornuis

lonac
....
pot

gvozdeni lonac
....
gietijzeren pot

wok / kadai
....
wok / kadai

tava
....
pan

kuvalo za vodu
....
waterkoker

kuvalo na paru

stoomkoker

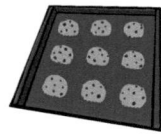

lim za pečenje

bakplaat

posuđe

servies

čaša

mok

posuda

kom

štapići za jelo

eetstokjes

kutlača

pollepel

lopatica

spatel

penjača

garde

sito za kuvanje

vergiet

sito

zeef

ribež

rasp

mužar

mortier

roštilj

barbecue

ognjište

haardvuur

daska
snijplank

oklagija
deegrol

vadičep
kurkentrekker

konzerva
blik

otvarač konzervi
blikopener

krpa za lonac
pannenlap

sudoper
gootsteen

četka
borstel

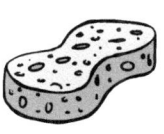

sunđer
spons

mikser
blender

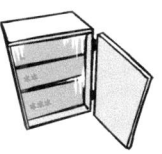

zamrzivač
vriezer

flašica za bebe
papfles

slavina za vodu
kraan

kupaonica
badkamer

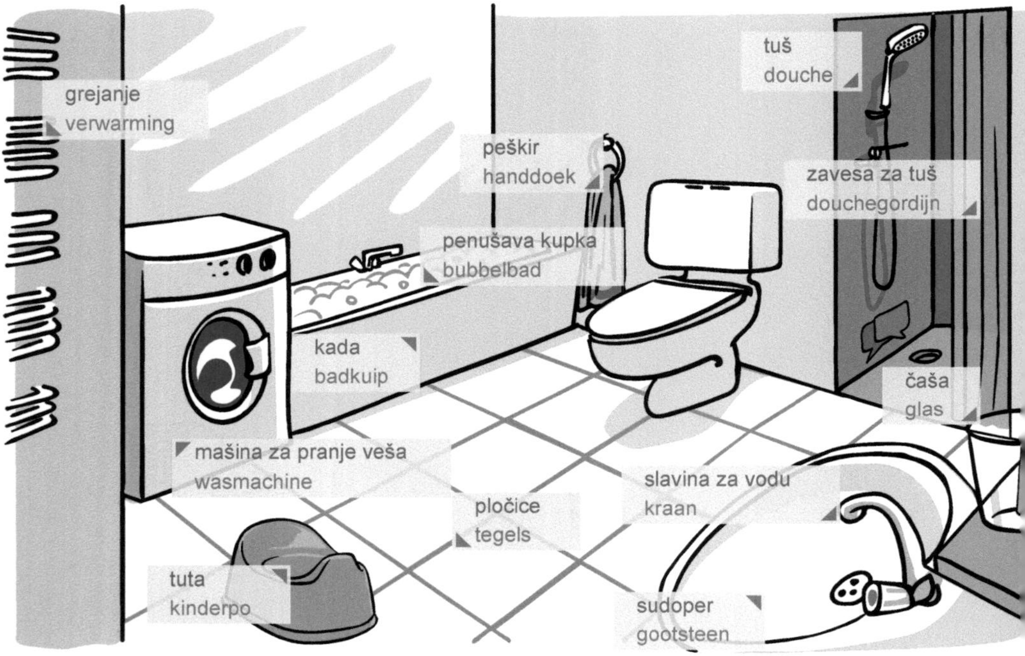
grejanje
verwarming
peškir
handdoek
tuš
douche
zavesa za tuš
douchegordijn
penušava kupka
bubbelbad
kada
badkuip
čaša
glas
mašina za pranje veša
wasmachine
slavina za vodu
kraan
pločice
tegels
tuta
kinderpo
sudoper
gootsteen

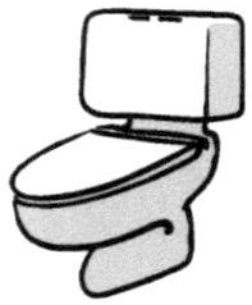

toalet

toilet

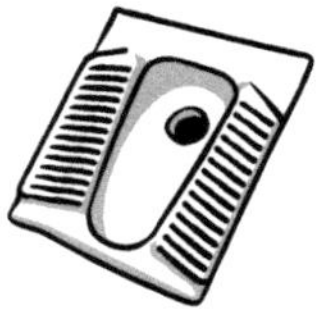

čučavac

hurktoilet

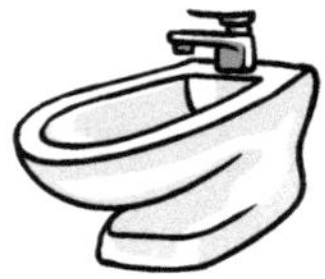

bidet

bidet

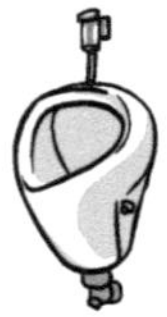

pisoar

urinoir

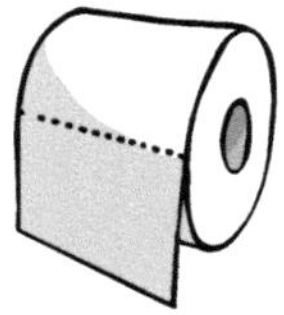

toaletni papir

toiletpapier

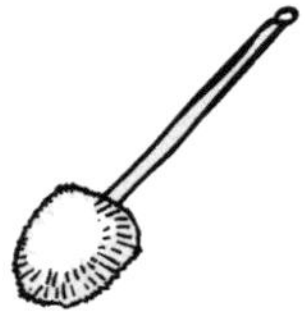

četka za toalet

toiletborstel

četkica za zube

tandenborstel

pasta za zube

tandpasta

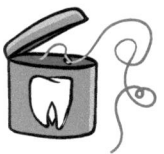

konac za zube

flosdraad

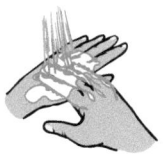

prati

wassen

tuš ručica

handdouche

tuš za pranje intimnih delova

bidethanddouche

lavor

waskom

četka za pranje leđa

rugborstel

sapun

zeep

gel za tuširanje

douchegel

šampon

shampoo

krpa za pranje

washandje

odvod

afvoer

krema

crème

dezodorans

deodorant

ogledalo

spiegel

kozmetičko ogledalo

handspiegel

brijač

scheermes

pena za brijanje

scheerschuim

losion za posle brijanja

aftershave

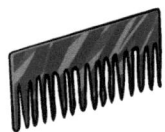

češalj

kam

četka

borstel

fen za kosu

haardroger

sprej za kosu

haarlak

makeup

make-up

ruž za usne

lippenstift

lak za nokte

nagellak

vata

watten

makaze za nokte

nagelknipper

parfem

parfum

kozmetička torbica
toilettas

stolica
kruk

vaga
weegschaal

ogrtač
badjas

rukavice za čišćenje
latex handschoenen

tampon
tampon

uložak
maandverband

hemijski toalet
chemisch toilet

dečija soba
kinderkamer

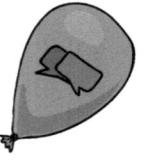

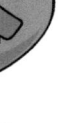

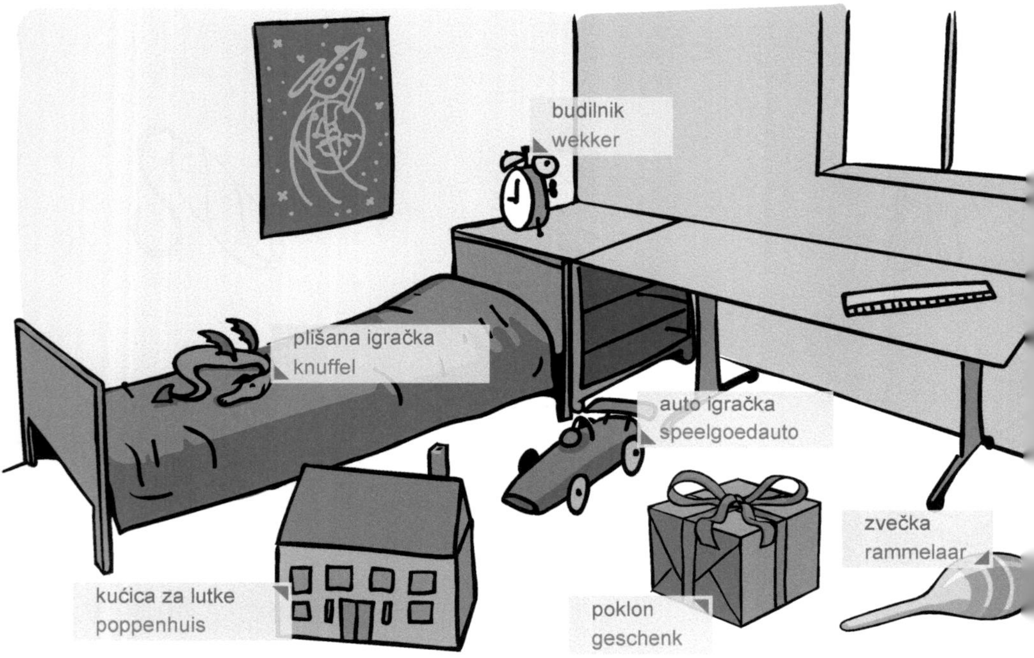
budilnik
wekker
plišana igračka
knuffel
auto igračka
speelgoedauto
zvečka
rammelaar
kućica za lutke
poppenhuis
poklon
geschenk

balon

ballon

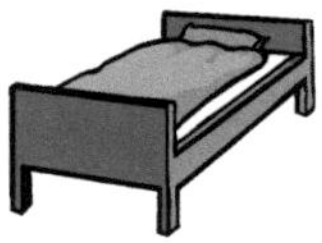

krevet

bed

dječija kolica

kinderwagen

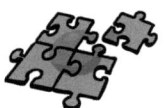

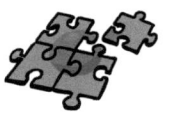

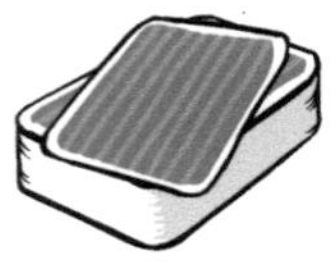

igra s kartama

spel kaarten

slagalica

puzzel

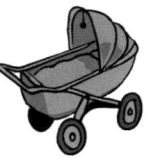

strip

stripboek

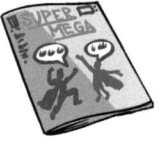

lego kockice

legoblokjes

kockice za slaganje

blokken

akcioni junak

actiefiguur

benkica za bebe

kruippakje

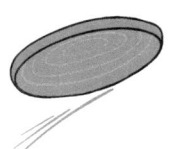

frizbi

frisbee

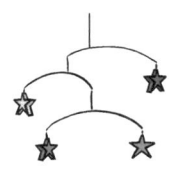

viseće igračke

mobiel

društvene igre

bordspel

kocka

dobbelsteen

minijaturna željeznica

modelspoorweg

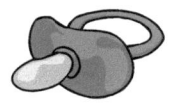

duda

fopspeen

zabava

feest

slikovnica

prentenboek

lopta

bal

lutka

pop

igrati

spelen

pješčanik

zandbak

ljuljačka

schommel

igračka

speelgoed

konzola za igre

spelconsole

tricikl

driewieler

tedi

knuffelbeer

ormar

kleerkast

odeća
kleding

kratke čarape

sokken

čarape

kousen

hulahopke

maillot

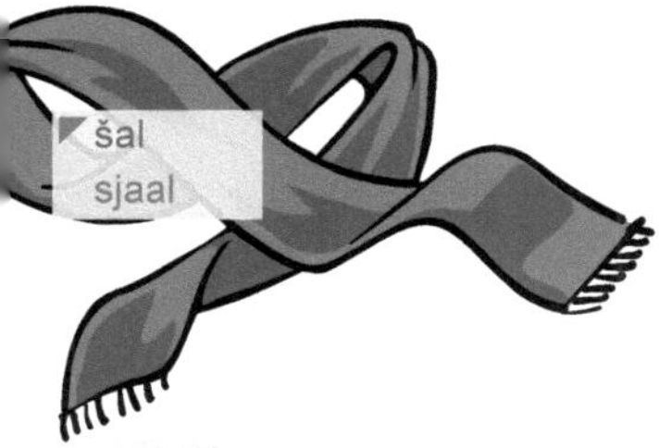

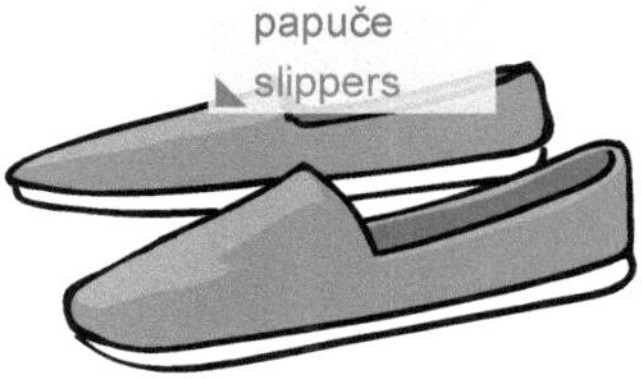

šal
sjaal

kišobran
paraplu

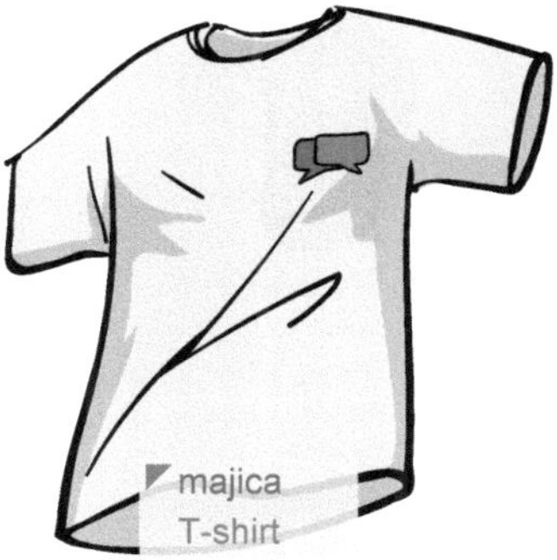

majica
T-shirt

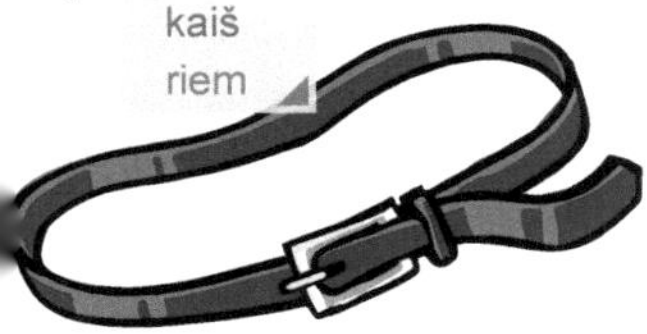

kaiš
riem

čizme
laarzen

papuče
slippers

patike
sneakers

sandale
sandalen

cipele
schoenen

gumene čizme
rubberlaarzen

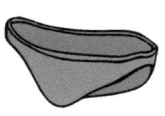

gaćice
onderbroek

grudnjak
beha

potkošulja
onderhemd

odeća - kleding

bodi
lichaam

pantalone
broek

farmerke
jeans

suknja
rok

bluza
blouse

košulja
hemd

džemper
trui

džemper s kapuljačom
capuchontrui

sako
blazer

jakna
jas

kaput
jas

kabanica
regenjas

kostim
kostuum

haljina
jurk

venčanica
trouwjurk

odeća - kleding

odelo

pak

spavaćica

nachthemd

pidžama

pyjama

sari

sari

marama za glavu

hoofddoek

turban

tulband

burka

boerka

kaftan

kaftan

abaja

abaya

kupaći kostim

badpak

kupaće gaćice

zwembroek

kratke pantalone

short

odeća za trening

trainingspak

kecelja

schort

rukavice

handschoenen

dugme

knoop

naočare

bril

narukvica

armband

ogrlica

ketting

prsten

ring

naušnica

oorbel

kapa

pet

vešalica

kapstok

šešir

hoed

kravata

das

patent zatvarač

rits

kaciga

helm

naramenice

bretellen

školska uniforma

schooluniform

uniforma

uniform

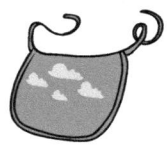

podbradak

slabbetje

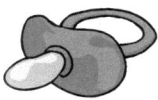

duda

fopspeen

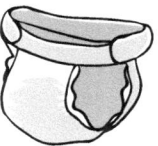

pelena

luier

kancelarija
kantoor

server
server
ormar za spise
dossierkast
štampač
printer
papir
papier
monitor
monitor
pisaći stol
bureau
miš
muis
mapa
map
tastatura
toestenbord
košara za papir
papiermand
kompjuter
computer
stolica
stoel

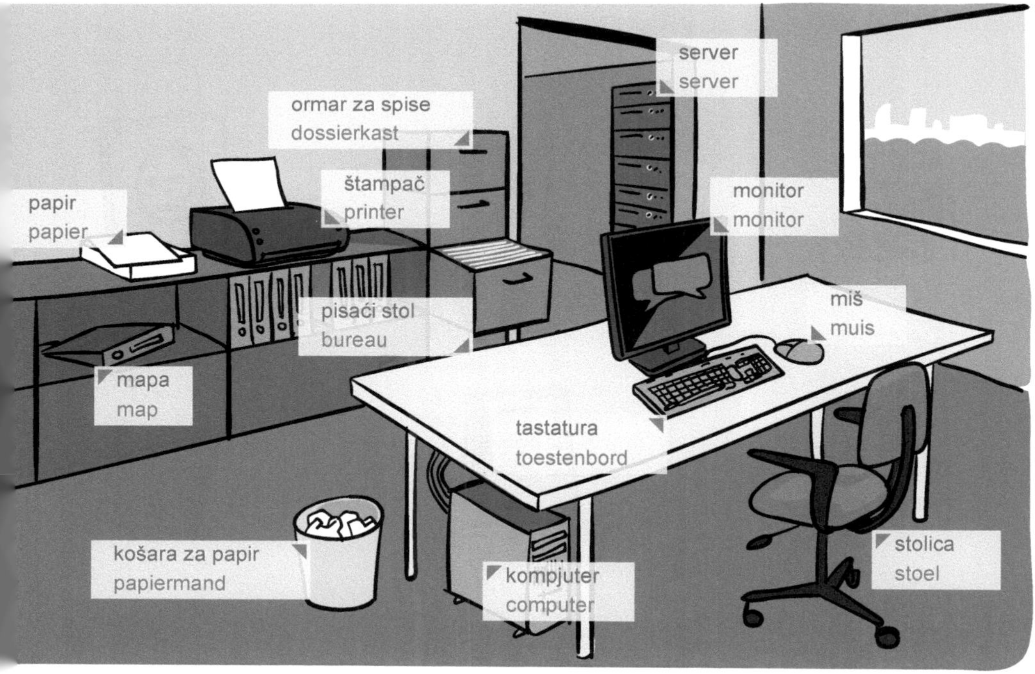

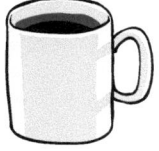

šalica za kavu

koffiemok

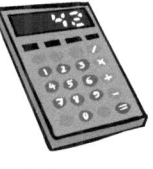

kalkulator

rekenmachine

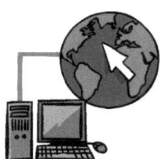

internet

internet

laptop
laptop

pismo
brief

poruka
bericht

mobilni telefon
gsm

mreža
netwerk

uređaj za kopiranje
kopieerapparaat

softver
software

telefon
telefoon

utičnica
stopcontact

faks
fax

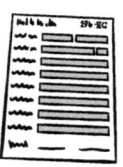

formular
formulier

dokument
document

kupovati
kopen

platiti
betalen

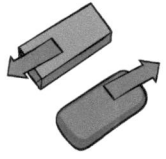

trgovati
handelen

novac
geld

USD

dolar
dollar

EUR

evro
euro

JPY

jen
yen

RUB

rublja
roebel

CHF

švajcarski franak
Zwitserse frank

CNY

renmindbi juan
Chinese renminbi

INR

rupija
roepie

automat za novac
geldautomaat

menjačnica

wisselkantoor

zlato

goud

srebro

zilver

nafta

olie

energija

energie

cena

prijs

ugovor

contract

porez

belasting

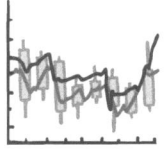

deonica

aandeel

raditi

werken

službenik

werknemer

poslodavac

werkgever

fabrika

fabriek

prodavnica

winkel

ekonomija - economie

zanimanja
beroepen

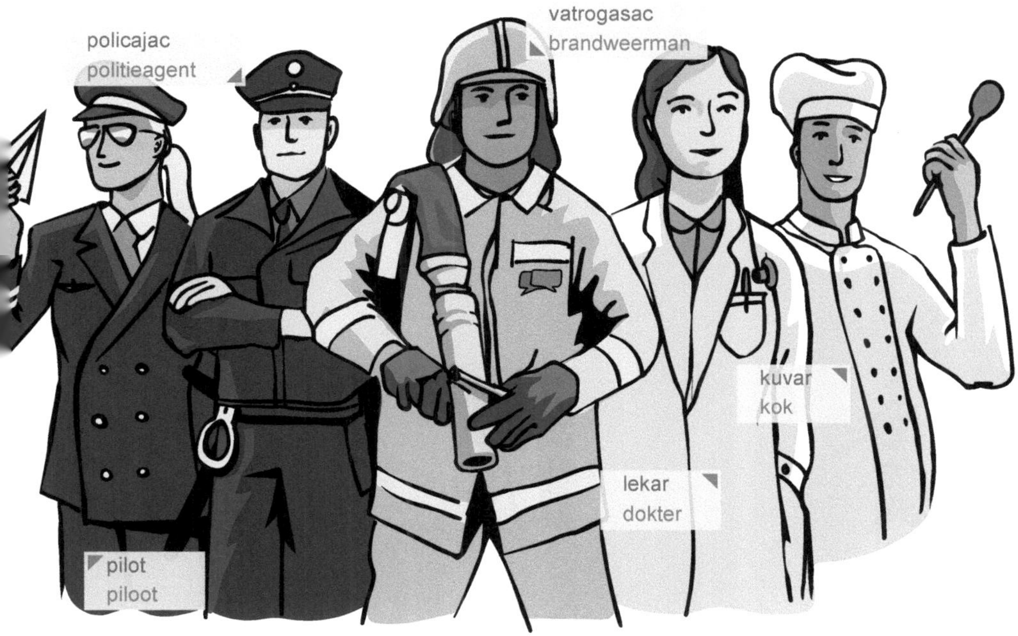
policajac
politieagent
vatrogasac
brandweerman
kuvar
kok
lekar
dokter
pilot
piloot

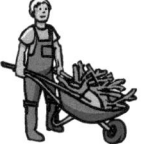

vrtlar
tuinman

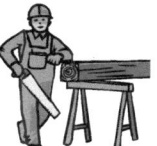

stolar
timmerman

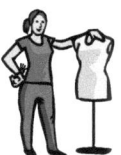

krojačica
naaister

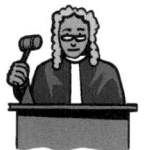

sudija
rechter

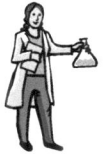

hemičar
chemicus

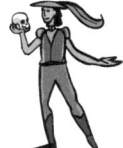

glumac
acteur

vozač autobusa

buschauffeur

vozač taksija

taxichauffeur

ribar

visser

čistačica

schoonmaakster

krovopokrivač

dakdekker

konobar

ober

lovac

jager

slikar

schilder

pekar

bakker

električar

elektricien

građevinski radnik

bouwvakker

inženjer

ingenieur

mesar

slager

limar

loodgieter

poštar

postbode

vojnik

soldaat

arhitekta

architect

blagajnik

kassier

cvećar

bloemist

frizer

kapper

kondukter

conducteur

mehaničar

mecanicien

kapetan

kapitein

zubar

tandarts

naučnik

wetenschapper

rabi

rabbijn

imam

imam

monah

monnik

svećenik

geestelijke

alati
werktuigen

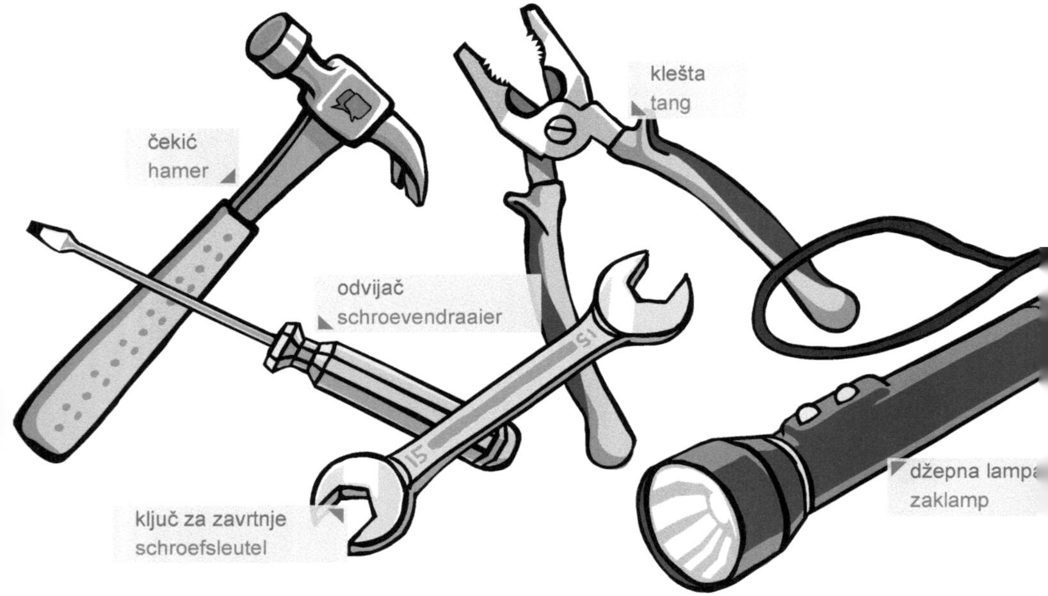
čekić
hamer
klešta
tang
odvijač
schroevendraaier
ključ za zavrtnje
schroefsleutel
džepna lamp
zaklamp

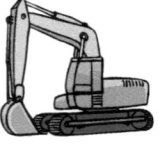

bager

graafmachine

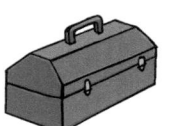

kutija za alat

gereedschapskoffer

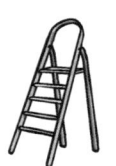

merdevine

ladder

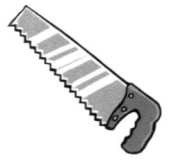

pila

zaag

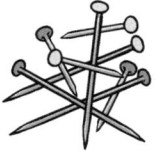

ekser

spijkers

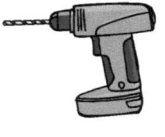

bušilica

boormachine

popraviti

repareren

lopata

schop

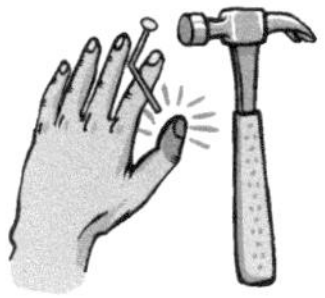

do đavola!

Verdomme!

lopatica

blik

lonac za boju

verfpot

zavrtanji

schroeven

muzički instrument
muziekinstrumenten

zvučnik
luidspreker

bubnjevi
drumstel ◢

gitara
gitaar ◢

▼kontrabas
contrabas

truba
trompet

klavir

piano

violina

viool

bas

basgitaar

timpani

pauk

udaraljke za bubnjeve

trommels

tipke klavira

keyboard

saksofon

saxofoon

flauta

fluit

mikrofon

microfoon

zoološki vrt

zoo

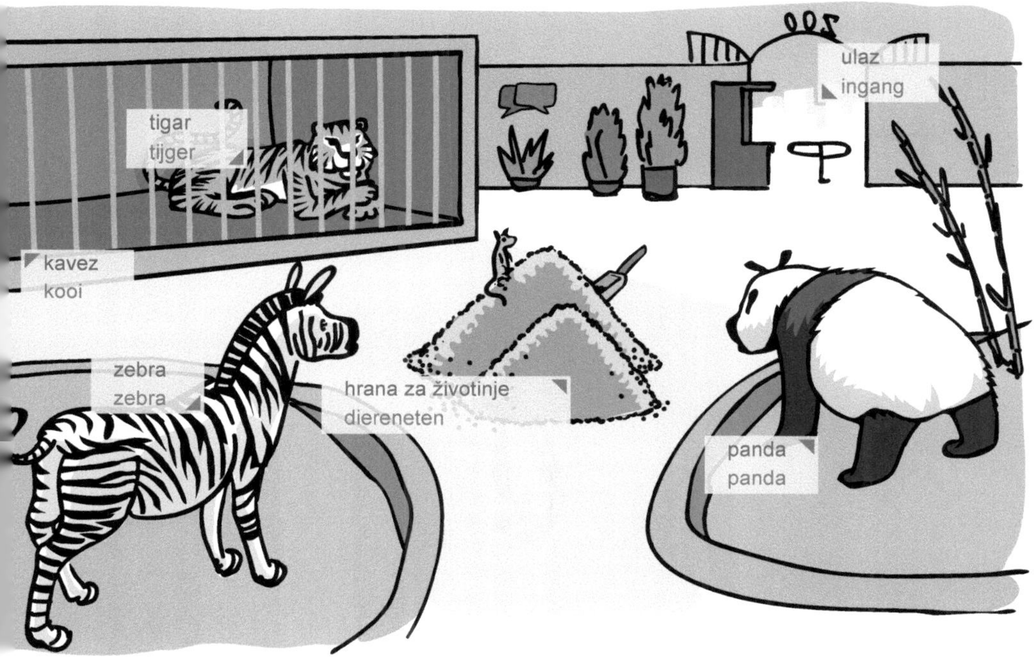

zoo
ulaz
ingang
tigar
tijger
kavez
kooi
zebra
zebra
hrana za životinje
diereneten
panda
panda

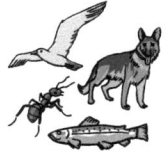

životinje

dieren

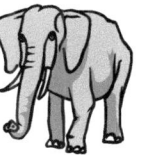

slon

olifant

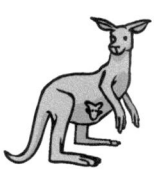

kengur

kangoeroe

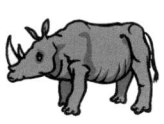

nosorog

neushoorn

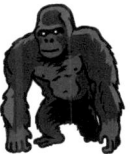

gorila

gorilla

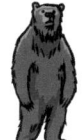

medved

beer

kamila

kameel

noj

struisvogel

lav

leeuw

majmun

aap

flamingo

flamingo

papagaj

papegaai

polarni medved

ijsbeer

pingvin

pinguïn

ajkula

haai

paun

pauw

zmija

slang

krokodil

krokodil

čuvar u zoološkom vrtu

dierenverzorger

tuljan

zeehond

jaguar

jaguar

poni
pony

leopard
luipaard

nilski konj
nijlpaard

žirafa
giraffe

orao
adelaar

divlja svinja
wild zwijn

riba
vis

kornjača
zeeschildpad

morž
walrus

lisica
vos

gazela
gazelle

američki nogomet
rugby

biciklizam
wielrennen

tenis
tennis

košarka
basketbal

plivanje
zwemmen

boks
boksen

hokej na ledu
ijshockey

fudbal
voetbal

badminton
badminton

atletika
atletiek

rukomet
handbal

skijanje
skiën

polo
polo

sport - sporten

skočiti
springen

smejati se
lachen

zagrliti
knuffelen

ići
wandelen

pevati
zingen

sanjati
dromen

moliti se
bidden

poljubiti
kussen

pisati
schrijven

crtati
tekenen

pokazati
tonen

gurati
duwen

dati
geven

uzeti
nemen

imati

hebben

činiti

doen

biti

zijn

stojati

staan

trčati

lopen

povlačiti

trekken

baciti

gooien

padati

vallen

ležati

liggen

čekati

wachten

nositi

dragen

sediti

zitten

oblačiti

aankleden

spavati

slapen

probuditi se

ontwaken

gledati

kijken naar

plakati

wenen

milovati

aaien

češljati

kammen

govoriti

praten

razumeti

begrijpen

pitati

vragen

slušati

luisteren

piti

drinken

jesti

eten

pospremiti

opruimen

voleti

houden van

kuhati

koken

voziti

rijden

leteti

vliegen

ploviti

zeilen

računati

rekenen

čitati

Lezen

učiti

leren

raditi

werken

venčati se

trouwen

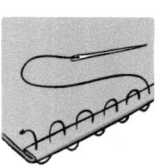

šiti

naaien

prati zube

tandenpoetsen

ubiti

doden

pušiti

roken

poslati

sturen

aktivnosti - activiteiten

porodica
familie

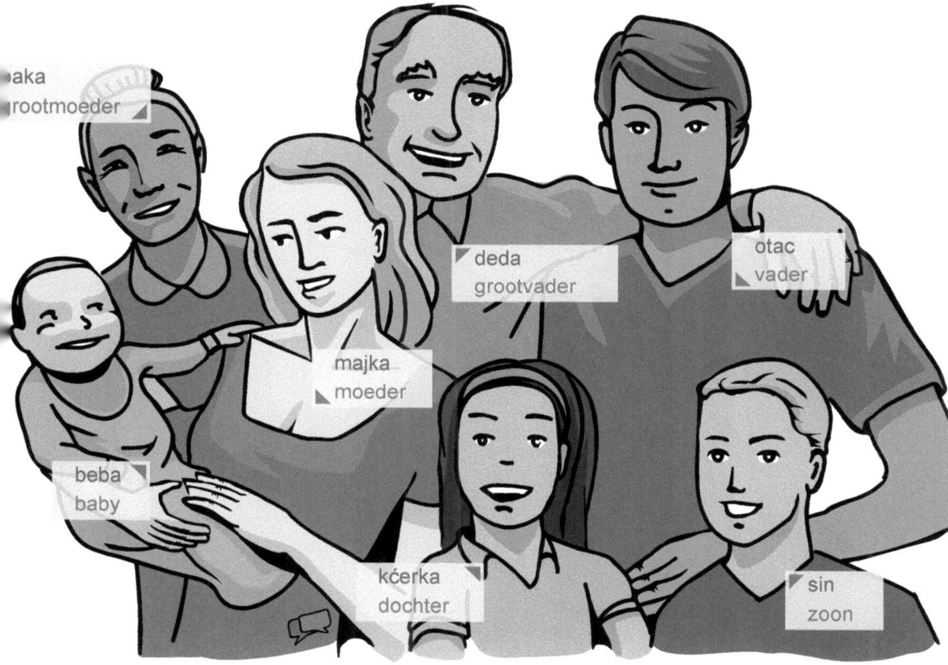
aka
rootmoeder
deda
grootvader
otac
vader
majka
moeder
beba
baby
kćerka
dochter
sin
zoon

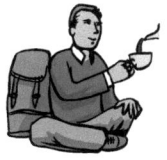

gost

gast

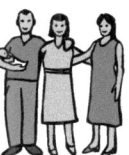

tetka

tante

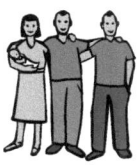

ujak, stric

oom

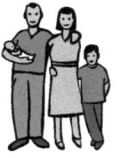

brat

broer

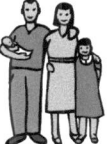

sestra

zus

telo
lichaam

čelo
voorhoofd
oko
oog
rame
schouder
prst
vinger
lice
gezicht
brada
kin
ruka
hand
grudi
borst
noga
been
ruka
arm

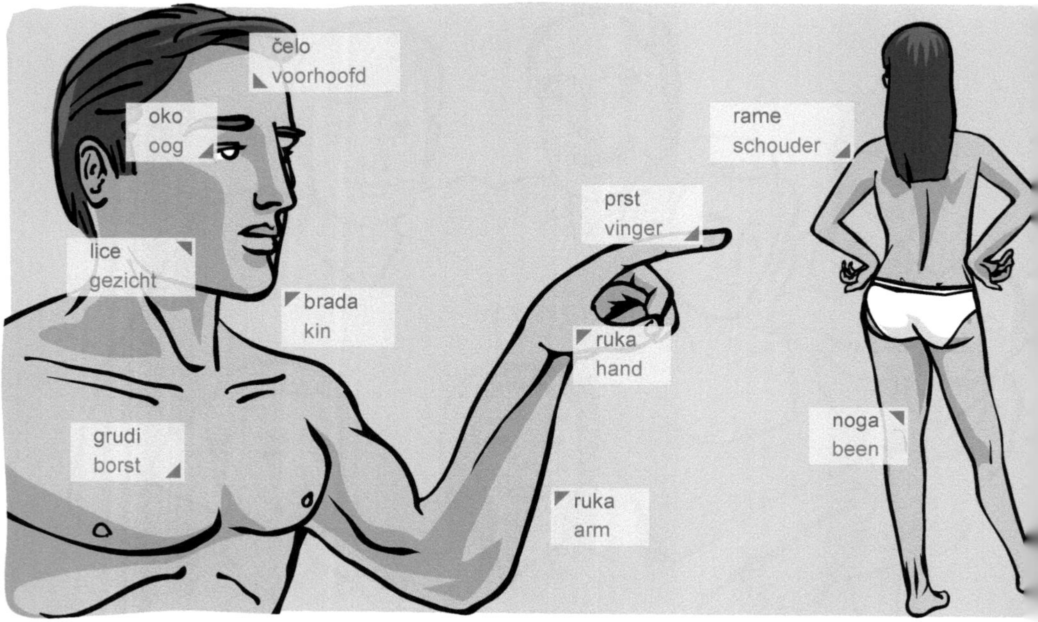

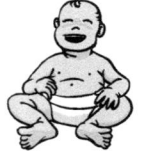

beba
baby

muškarac
man

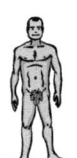

žena
vrouw

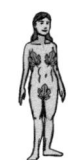

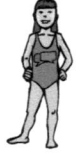

devojčica
meisje

dečak
jongen

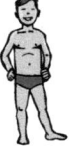

glava
hoofd

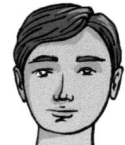

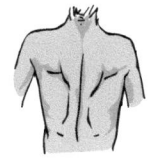

leđa
rug

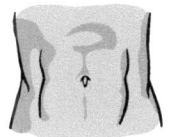

stomak
buik

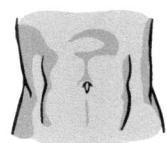

pupak
navel

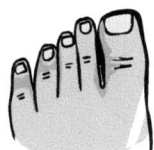

nožni prst
teen

peta
hiel

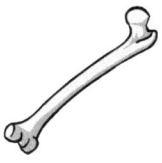

kost
bot

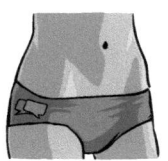

kukovi
heup

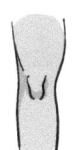

koleno
knie

lakat
elleboog

nos
neus

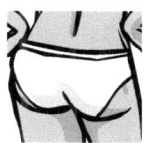

zadnjica
zitvlak

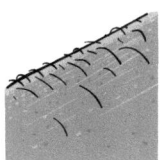

koža
huid

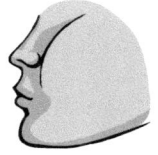

obraz
wang

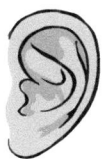

uvo
oor

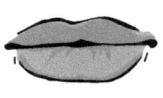

usna
lip

telo - lichaam

usta

mond

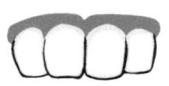

zub

tand

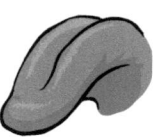

jezik

tong

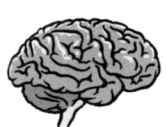

mozak

hersenen

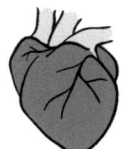

srce

hart

mišić

spier

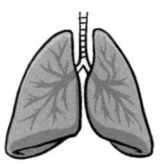

pluća

long

jetra

lever

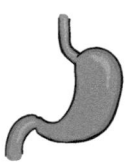

želudac

maag

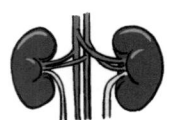

bubrezi

nieren

polni odnos

seks

kondom

condoom

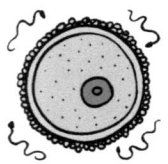

jajna ćelija

eicel

sperma

sperma

trudnoća

zwangerschap

telo - lichaam

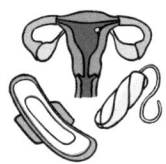

menstruacija
....
menstruatie

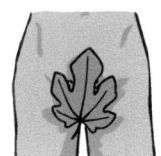

vagina
....
vagina

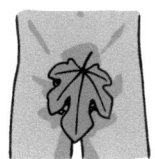

penis
....
penis

obrva
....
wenkbrauw

kosa
....
haar

vrat
....
nek

bolnica
ziekenhuis

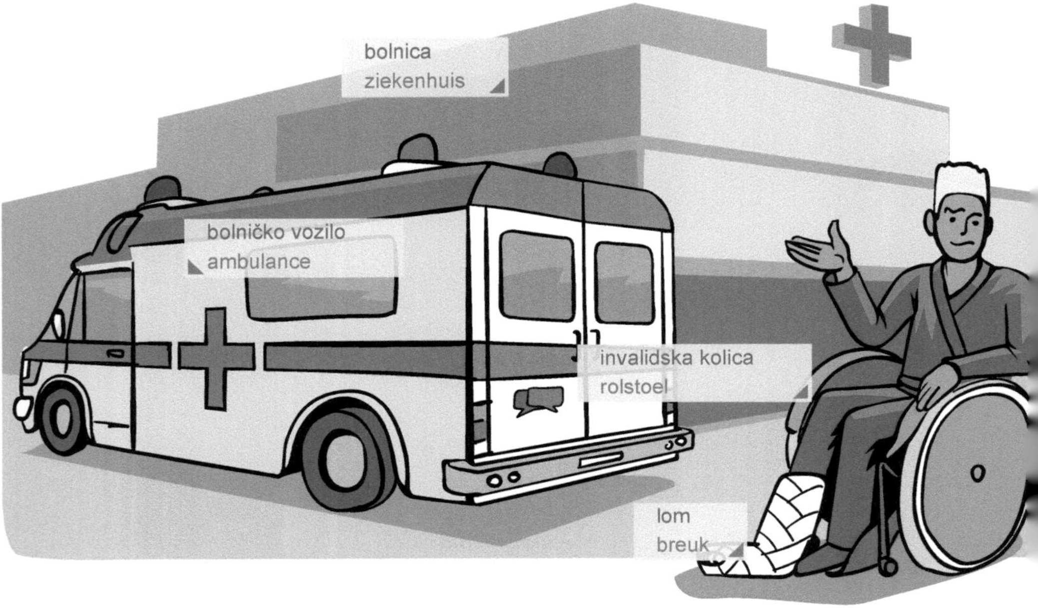

bolnica
ziekenhuis
bolničko vozilo
ambulance
invalidska kolica
rolstoel
lom
breuk

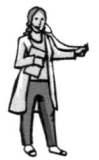

lekar

dokter

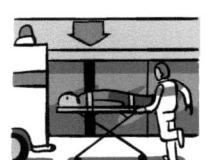

hitna medicinska služba

spoed

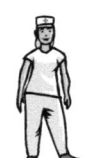

medicinska sestra

verpleegkundige

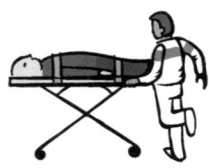

hitni slučaj

noodgeval

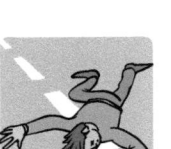

nesvest

bewusteloos

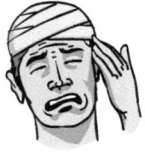

bol

pijn

povreda

verwonding

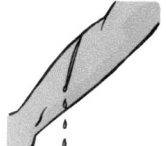

krvarenje

bloeding

srčani udar

hartaanval

udar

beroerte

alergija

allergie

kašalj

hoest

groznica

koorts

gripa

griep

proliv

diarree

glavobolja

hoofdpijn

rak

kanker

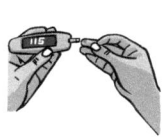

dijabetes

diabetes

hirurg

chirurg

skalpel

scalpel

operacija

operatie

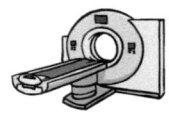

ct
CT

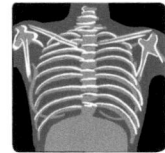

rentgen
röntgenstraal

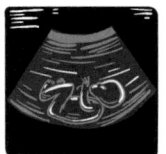

ultrazvuk
ultrageluid

maska
gezichtsmasker

bolest
ziekte

čekaona
wachtkamer

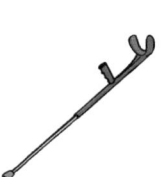

štaka
kruk

flaster
pleister

zavoj
verband

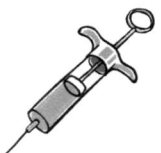

injekcija
injectie

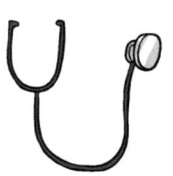

stetoskop
stethoscoop

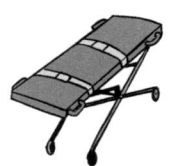

nosila
brancard

termometar
thermometer

rođenje
geboorte

prekomerna težina
overgewicht

slušni aparat

hoorapparaat

sredstvo za dezinfekciju

ontsmettingsmiddel

infekcija

infectie

virus

virus

HIV / AIDS

HIV / AIDS

medicina

medicijn

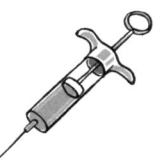

vakcinacija

vaccinatie

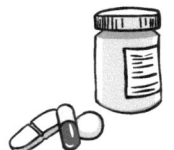

tablete

tabletten

pilula

pil

hitni poziv

noodoproep

uređaj za merenje pritiska

bloeddrukmeter

bolesno / zdravo

ziek / gezond

pomoć! Help!	 alarm alarm	 nasrtaj overval
 napad aanval	 opasnost gevaar	 izlaz u slučaju nužde nooduitgang
požar! Brand!	 protivpožarni aparat brandblusser	 nezgoda ongeval
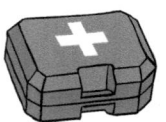 kutija prve pomoći EHBO-kit	 sos SOS	 policija politie

Evropa

Europa

Severna Amerika

Noord-Amerika

Južna Amerika

Zuid-Amerika

Afrika

Afrika

Azija

Azië

Australija

Australië

Atlantik

Atlantische Oceaan

Pacifik

Stille Oceaan

Indijski okean

Indische Oceaan

Antarktički okean

ntarctische Oceaan

Arktički ocean

Arctische Oceaan

Severni pol

Noordpool

Južni pol
Zuidpool

Antarktik
Antarctica

zemlja
aarde

zemlja
land

more
zee

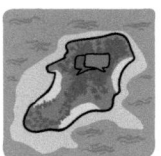

otok
eiland

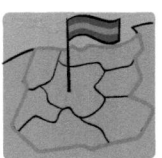

nacija
natie

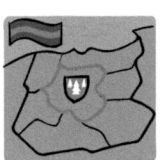

država
staat

zemlja - aarde

brojčanik sata

wijzerplaat

satna kazaljka

uurwijzer

minutna kazaljka

minuutwijzer

sekundna kazaljka

secondewijzer

Koliko je sati?

Hoe laat is het?

dan

dag

vreme

tijd

sada

nu

digitalni sat

digitale horloge

minuta

minuut

čas

uur

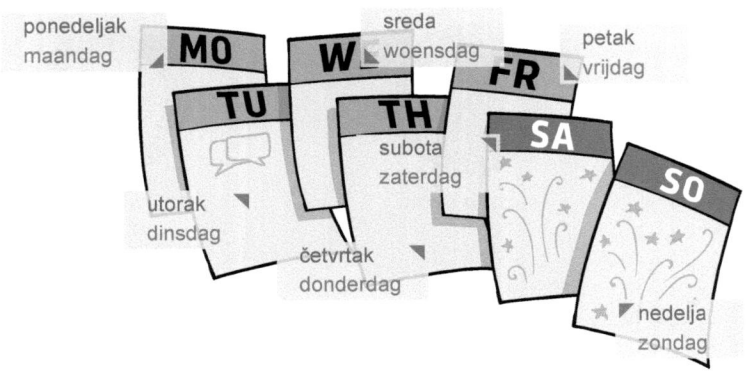

ponedeljak / maandag
sreda / woensdag
petak / vrijdag
utorak / dinsdag
četvrtak / donderdag
subota / zaterdag
nedelja / zondag

juče
gisteren

danas
vandaag

sutra
morgen

jutro
ochtend

podne
middag

veče
avond

radni dani
werkdagen

vikend
weekend

godina
jaar

kiša
regen
duga
regenboog
vetar
wind
sneg
sneeuw
proleće
lente
jesen
herfst
leto
zomer
zima
winter

4.APRIL 11°
5.APRIL 4°
6.APRIL 13°
7.APRIL 8°
8.APRIL 10°

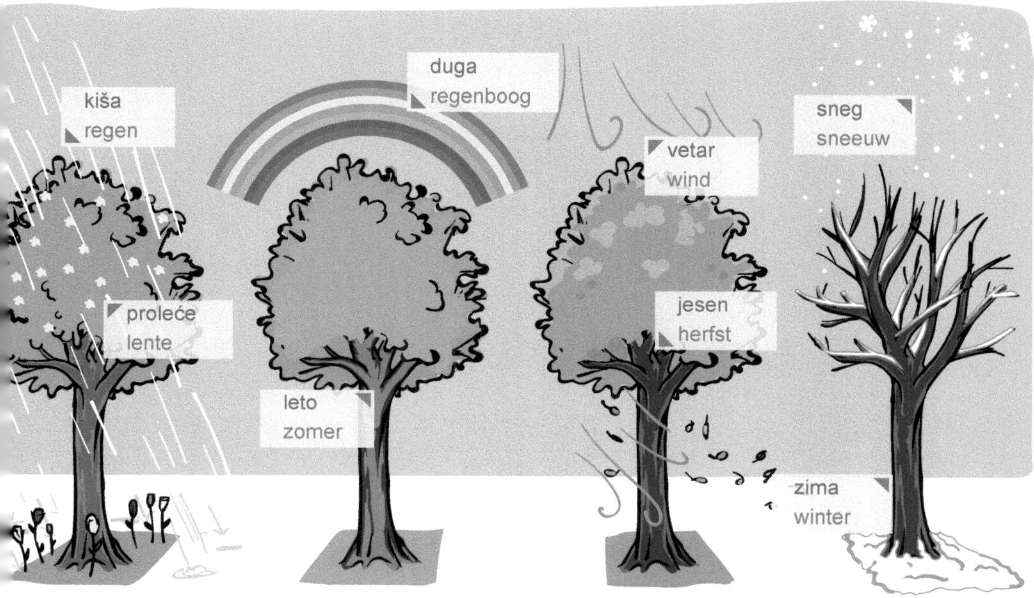

eteorološka prognoza

weervoorspelling

F C
120 90 60 30 0 -30
40 30 20 10 0 -10 -20

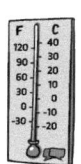

termometar

thermometer

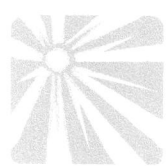

sunčana svetlost

zonneschijn

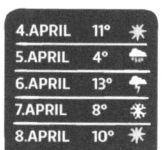

oblak

wolk

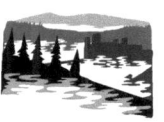

magla

mist

vlažnost vazduha

vochtigheid

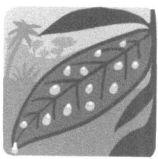

munja

bliksem

grmljavina

donder

oluja

storm

tuča

hagel

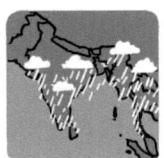

monsun

moesson

poplava

overstroming

led

ijs

januar

januari

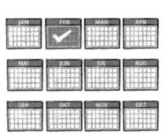

februar

februari

mart

maart

april

april

maj

mei

juni

juni

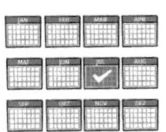

juli

juli

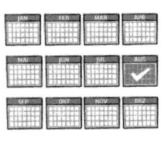

avgust

augustus

godina - jaar

septembar
september

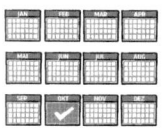

oktobar
oktober

novembar
november

decembar
december

oblici
vormen

krug
cirkel

kvadrat
kwadraat

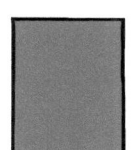

pravougao
rechthoek

trougao
driehoek

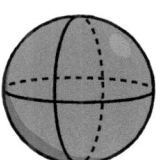

kugla
bol

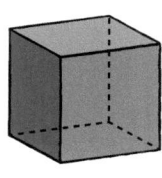

kocka
kubus

bela
....
wit

žuta
....
geel

narandžasta
....
oranje

ružičasta
....
roze

crvena
....
rood

ljubičasta
....
paars

plava
....
blauw

zelena
....
groen

smeđa
....
bruin

siva
....
grijs

crna
....
zwart

mnogo / malo

veel / weinig

ljutito / mirno

boos / kalm

lepo / ružno

mooi / lelijk

početak / kraj

begin / einde

veliko / maleno

groot / klein

svetlo / tamno

licht / donker

brat / sestra

broer / zus

čisto / prljavo

proper / vuil

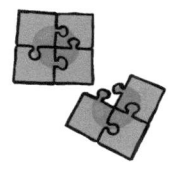

potpuno / nepotpuno

volledig / onvolledig

dan / noć

dag / nacht

mrtvo / živo

dood / levend

široko / usko

breed / smal

jestivo / nejestivo

eetbaar / oneetbaar

zlo / dobro

kwaadaardig / vriendelijk

uzbuđeno / dosadno

opgewonden / verveeld

debelo / mršavo

dik / dun

na početku / na kraju

eerst / laatst

prijatelj / neprijatelj

vriend / vijand

puno / prazno

vol / leeg

tvrdo / mekano

hard / zacht

teško / lagano

zwaar / licht

glad / žeđ

honger / dorst

bolesno / zdravo

ziek / gezond

ilegalno / legalno

illegaal / legaal

pametno / glupo

intelligent / dom

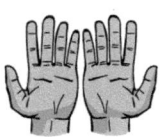

levo / desno

links / rechts

blizu / daleko

dichtbij / veraf

novo / polovno

nieuw / gebruikt

ništa / nešto

niets / iets

staro / mlado

oud / jong

uključeno / isključeno

aan / uit

otvoreno / zatvoreno

open / dicht

tiho / glasno

stil / luid

bogato / siromašno

rijk / arm

tačno / pogrešno

juist / fout

hrapavo / glatko

ruw / glad

tužno / sretno

droevig / blij

kratko / dugo

kort / lang

polako / brzo

traag / snel

mokro / suho

nat / droog

toplo / hladno

warm / koud

rat / mir

oorlog / vrede

0

nula
....
nul

1

jedan
....
één

2

dva
....
twee

3

tri
....
drie

4

četiri
....
vier

5

pet
....
vijf

6

šest
....
zes

7

sedam
....
zeven

8

osam
....
acht

9

devet
....
negen

10

deset
....
tien

11

jedanaest
....
elf

12

dvanaest

twaalf

13

trinaest

dertien

14

četrnaest

veertien

15

petnaest

vijftien

16

šestnaest

zestien

17

sedamnaest

zeventien

18

osamnaest

achtien

19

devetnaest

negentien

20

dvadeset

twintig

100

stotinu

honderd

1.000

hiljadu

duizend

1.000.000

milion

miljoen

engleski

Engels

američki engleski

Amerikaans Engels

mandarinski kineski

Chinees (Mandarijn)

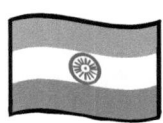

hindski

Hindi

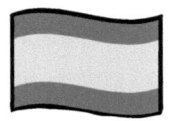

španski

Spaans

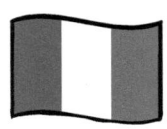

francuski

Frans

arapski

Arabisch

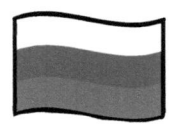

ruski

Russisch

portugalski

Portugees

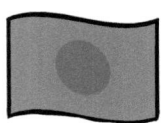

bengalski

Bengali

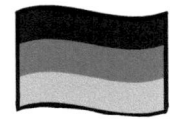

nemački

Duits

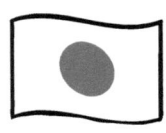

japanski

Japans

ja

ik

ti

u

on / ona / ono

hij / zij / het

mi

wij

vi

u

oni

ze

Ko?

wie?

Šta?

wat?

Kako?

hoe?

Gde?

waar?

Kada?

wanneer?

ime

naam

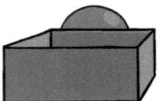

iza
....
achter

u
....
in

ispred
....
voor

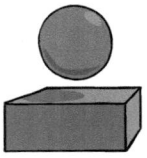

preko
....
boven

na
....
op

ispod
....
onder

pored
....
naast

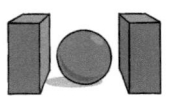

između
....
tussen

mesto
....
plaats